깊은 계절을 걷다

김 영 재 시 집

내 나이 일흔, 마음의 여백을 시로 채우다
아둥바둥 살아낸 세월, 돌이키니 헛되더라
살아보니 그 모든 날 꽃잎처럼 흩날렸네

깊은 계절을 걷다
김 영 재 시집

차례

봄

삼월의 과수원에 눈이 내린다 10
진달래 12
모란꽃 14
목련이 지는 뜰에서 15
철쭉꽃 16
등나무 꽃 17
세상은 정원이다 18
난 향 20
이제 봄은 외롭지 않네 22
화분 23

여름

매미 26
패랭이꽃 27
홍시 28
숨은 꽃 29
저 먼 바다 30

가을

산새 34
밤송이 35
가을비 내리던 밤 36
50대의 방황 38
그림사 40
이 밤이 가면 42
가을여자 43
용서하는 마음 44
거울 속엔 46
지나는 바람 속에 47
나를 위한 이유 48
소중한 것 51
어머니 52
빗방울 54
국화 56
창 57
이슬의 말 58
여자의 일생 60
하얀 얼굴 갈대 61

겨울

곁, 그 따뜻한 자리 64
나의 그림자는 길다 65
복수초 66
바다가 끓고 있었다 68
돌속의 길 70
나무들은 뿌리로 사랑을 한다 71
부부 72
갓전등 73
눈 속의 매화 74
겨울비 76
눈물 78
검단산 설경 80
일출 82
분기점에서 84
나는 바다에 내리는 첫 눈이어라 86

축사
에필로그

봄

삼월의 과수원에 눈이 내린다

삼월의 과수원에 눈이 내린다
오래 참았던 사랑 터트리고
환호하며 눈꽃들의 빠른 질주는
단 한번의 착상을 위해 죽어간 씨앗들의
투명한 껍질들.

유리창에 묻어있는 눈꽃들의 잔해
저너머 마악 몸단장을 마친
어머니의 환한 표정에.

피어나는 사과꽃
문턱에 걸린 아버지 턱수염이
하염없이 길어지는 한나절
화살촉 같은 입술을 빨며 달겨드는 봄에게.
대지는 부드러운 풀잎을 깔아놓는다.

마지막 힘을 쏟아 붓고
잠이 든 겨울,
살며시 일어나 새날을 준비하는 뽀오얀 빛깔들.

내 마음의 과수원에 사과꽃이 핀다.
창밖에 하얗게 머물다 사라지는 삼월은
꽃보다 아름다운 씨앗을 온 세상에 날린다.

진달래

봄으로 오는 수레 타고
한달음에 달려와
발그레한 얼굴로

이 산 저 산
화려하게 수놓은
봄의 화신

따스한 실바람에
봄소직 가득 싣고
연분홍 사연
애절한 사랑으로

그리움이 움트는
향긋한 꽃내음
소박한 여심(女心)을
쟁반으로 잡네요

속절없이 활활 타오르는
그대의 정열은 어찌할 줄 몰라

까맣게 타 버렸지만

낙화의 슬픔은
연둣빛 새싹으로 승화하여
햇살 마당 도화지에
물감을 뿌려 놓네요.

모란꽃

곤한 봄바람 속에
잠든 것처럼
고요히 모란이 피고 있지만

한쪽으로 치우친 아름다움에
나는 조금씩 날 잃어버리고 말았다.

눈물로도 잡지 못한
가는 봄 속에는
모란의 사랑,
내가 살아 있는 동안은
늘 고통스러운 인연이 되었다.

구름나라를 산책하고
꽃밭에 귀가한 모란꽃,

영혼으로 만나는 사랑을
단지 운명이라 부르기엔
내 마음이 너무 서러웠다.

목련이 지는 뜰에서

당신의 고운 마음
늘 아끼고 소중히 여기듯
하얀 목련 뜰 가에 피어
내 마음 흔들다가
슬픔 같은 꽃잎 쌓이는 날
긴긴 밤 지새우는 이야기가 있다

화려한 드레스 입고
담 너머 마당가에서
찬란한 삶을 꿈꾸는 사람의
단맛이 옹달샘처럼 고인 날 있었다

목련이야 지든, 말든
냇물은 제 길 따라 흐르고
아지랑이 철 찾아 아른거리면
꽃바람 달려와
봄 대문을 연다.

철쭉꽃

나비 되어 날기에는
너무 느린 봄날,
가슴속을 붉게 물들이며
산길에 철쭉이 피었네.

찰나에 살면서
억겁의 인연이 된
나의 허기진 사랑을
분간할 수 없는 안개에 묻고.

아침의 핀 꽃이
저녁에 지건
무슨 상관이랴,
저 산에 구름 가고,
뜻 없이 철쭉이 지는데.

등나무 꽃

무슨 심정으로
긴 몸을
그렇게 비틀며 사는가

네가 구부려야 할 운명이라면
그물을 짜는 모습으로
내 마음의 시름 걸러보자

누군가 불러주길 기다리는
서러운 팔과 다리
섶 다리를 놓고 매달린 등꽃

향기가 펄럭이는 봄날
길을 묻는 나그네 되어
낮잠이나 청해볼까?

세상은 정원이다

돌껍질을 깨고
나비들이 외출을 한다
바람에 실려온 향기
내 마음속의 돌들이 일어선다

알처럼 따스한 물속 자갈
휘청거리며 돌아선 굽이길
세상은 잠시 물속에 잠긴다

나비들은 나비가 아닌 채
겨울강을 밟고 지나간
봄햇살의 총부리에 놀란
그가 밟은 건
내 마음 한구석이었다

햇살 위에 출렁이는 물비늘은
금박무늬의 나비떼
힘껏 날아오르지 못한 날개들
푸르름이 되어 흩어지고

달려오는 계곡 물소리에
산뽕나무 오디 열매가
발갛게 익어간다

돌무더기 속 탯줄을 끊고
날아가는 한 마리의 나비
세상은 아직 정원이다.

난 향

어느 날
우리 거실에
초록빛깔 친구가
이사 왔어요

양명금 이름표 달고
빼어난 고운 선
해맑은 자태로
매일매일 인사하며
함께 살게 되었어요

처음엔
말없이 지내다가
문만 열면 눈에 들어와
살그머니 곁에 가서
필요한 것 없는지
속삭여 보았지요

진정한 마음을 알았던지
숨어있던 꽃대가 올라와

목말라
힘들다고
애원했어요

정성껏
간식 주며
놀아 주었더니

꽃망울 활짝 웃으며
은은한 난향(蘭香)으로
코끝을 간질이네요

이제 봄은 외롭지 않네

모두 태워버린 잿더미 위에서
봄은 아직 외롭지 않네.
나는 오래도록 봄을 갖지 못한
겨울나무였네.

꽃터널을 지나
살갑게 날아든 파랑 앵무새의 노래에도
나는 아직 눈 떠 보지 못한
태아의 숨소리.
내겐 침묵도 거대한 소리였네.

몸을 가리운 돌기둥 뒤
낯선 동네에 혼자 서 있다,
들킨 바람처럼.

빗줄기로 몸을 씻는 연기 속
죽은 소나무 옆 열린 꽃봉오리,
아무도 닫을 자 없네.
나를 태워 버린.
봄은 이제 외롭지 않네.

화분

언제 물을 주었는지 몰라
너를 잊고 있던 날들
무심한데
어디에 숨어있다 나온 새 이파리일까?

물방울 날리는 스프레이어
숨 가쁜 호흡
명랑한 새소리처럼
향기로운 몸속 깊이

땀방울을 쏟을 때마다
미동도 않고
발꿈치를 들어올리는 속잎,

땅속 귀를 묻고
단단한 뿌리,
스스로 나무가 되어 가는 줄기를

너에게 물을 주기는 멈춰도
나는 사랑으로 가지를 뻗는다.

여름

매미

소나기 삼형제
번갈아 지나가면
하늘이 반짝 열리고

죽은 듯이 숨었던 말매미
숨통 열어
풍성한 노랫가락
해가 지도록 부르고

온몸 흐르는 땀
주체 못하는 삼복을
쥐 틀어 짜대며
양심대로 살고자 하는데

혀 짧아 말 못하고
찌—이 맴맴
찌르르
살아 움직이는
대자연 본질의 소리

패랭이꽃

옹달샘 언덕 위 패랭이꽃
풋풋한 향기
자색 꽃봉오리에
호랑나비 입맞춤하는데

금잔디 침내 심아
하늘 보고 누웠으니
만물의 기지개 켜는 소리
귓가의 밀어로 다가와

오가는 사랑 훔쳐보는
기다림으로 길섶에 피어
온종일 가슴 떨며
임만 불려대는구나.

홍시

밤 사이 고운님 숨겨 놓았던
달빛 망사 고이 쓴 농익은 얼굴

머리맡에 발긋발긋 수줍은 유혹
코끝을 간질이는 달디단 젖네

훔치듯이 다가와 웃을 벗기다
무딘 가슴 이내 화들짝 놀라

물러서 말끔히 눈 훔치는데
속살 깊이 터지는 새빨간 혈흔

전설 같은 처녀막은
위험한 정사

숨은 꽃

나 새 되어 창공 날면
당신 푸른 잎 거느린 나무입니다

당신 날개 접는 휴식이면
나는 바람 흔드는 그늘입니다

무화과는 숨은 꽃
누구의 눈빛으로도 찾을 수 없는 꽃

무화과 익는 계절엔
지나가는 바람마저 속이 붉어집니다

저 먼 바다

온종일 마른 습구멍
자박자박 차오르는 물소리에
껍질을 열고 나오는 땅 밑 수많은 귀를
바람이 켜는 밤

분수대 결에서
운명선처럼 깊은 물금을 붓고
너는 나의 손바닥을 가르며 나타났다

백탄처럼 흰 돌멩이
하늘에 박혀
밀려오는 파도를 비추고

어둠 가득 사여린 바다울음은
바람 속 바람을 가른다

줄을 서서 기다리는 파도
짧은 행복 헤어짐을 강요하고
바다는 늘 그렇게 눈인사를 한다

포말로 사라지는
손끝과 손끝의 감촉
갯벌 찐득한 내음아
돌침상에 누워
종일 너를 안고 싶다

가을

산새

놓쳐버린 산새 소리
길 끊어진 산길에
새 소리도 끊기고
끝내 찾아내지 못한 네 얼굴
나뭇잎 속에 숨겨놓고
뒤돌아설라치면

쏙 똑 쏙 똑

산 공기 잘게 부수며
내 마음도 부수고
혼자 내려오는 산길에
곱게 핀 들꽃

목 터지게 부르다 지친
내 얼굴 아닌가.

밤송이

너는 농익은 가을의 전령사,

어찌하여 저 높은 곳에서
성난 고슴도치 형상을 하고
다가오면 덤벼들 기세로
한 올 한 올 곧추세워 위협을 하느냐?

이쁘지도 않은 것이,
향기도 없는 것이,

송송이 가시성벽 돌돌 말아
범접치 못하게 호령하더니,
어젯밤 부는 바람에 무너졌구나.

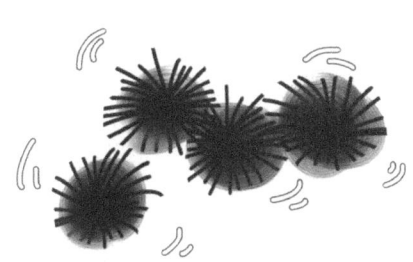

가을비 내리던 밤

뒤척이며 설친 간밤에
가을비는 차갑게 가로수를 적시며
하루 밤을 보내도 만리장성을 쌓는다 했던가?

깊어가는 가을 밤
비바람에 낙엽은 거리에 쌓이고
그리워 불러보고 싶은 이름을
밤새도록 가슴에 새긴다

내 가슴에 숨어있는 그리움
초라한 모습으로 떨어진 낙엽에
그 이름을 새기며
퍼져가는 그리운 추억
꿈인가 생시인가

풍경소리처럼 맑고 투명하게
여운으로 남는 그리운 사람의 목소리

끝내 못 이룬 사랑
그래서 꿈이 사라질

떨어진 낙엽의 아픈 사연에
꼬박 밤샘을 하고

지친 모습에 야윈 얼굴로 새벽을 맞는다

간밤에 조용히 연주되던
가을밤의 교향곡은
새벽의 여명이 밝아오면
안개처럼 사라지며 막을 내린다.

50대의 방황

어쩌다 보니
문득 살아온 날이 더 많았음을 깨닫는다

눈가에 주름도
검은 머리에 피어나는 하얀 서리도
야속하여 그 모두가
자신에 대한 연민으로 다가온다

지나간 모든 것이 그리워진다
왠지 홀로 남겨진 듯
옆에 있을 것은 다 있어도
텅 빈 듯한 외로움

그 허무는 뭔가
채워도 채워도
채워지지 않는 공허함으로
마치 자신만이 잘못 살아온 듯한 느낌에
외로움도 골 깊다
쓸쓸하고 서글픈 방황이 시작된다.

그러나 어쩌랴!
그게 인생인
입혀진듯한 기억의 저편에서
옛 친구를 찾는다

낯설게 변한 친구의 모습에서
세월의 무상함을 느끼고
그를 통해 나 자신을 돌아본다

진짜 방황이다.

그림자

가슴속 무언지 모르는
한 덩이 구름
시도 때도 없이
뒤척인다.

손 내밀어 잡을라치면
세월 건너뛰어
어긴 약속.
그리움도 서둘러
달아나 버리고.

지피는 불꽃,
기억으로만 살아나는가.
죽엽청주 몇 잔에 취해
쓰러지니,
세상은 벌써 노을빛.

너와 나,
이슬 맺힌 풀잎.
일어서지 못하는데.

명치끝에 매달린
한 덩이 구름,
끝없이 뒤척이며 나를 본다.

이 밤이 가면

너와 나
지난 정 지워 버린 밤.

매캐한 냄새 맡으며
밀려가고 밀려오는
파도 이야기 나누던 곳.

큰 바위에 올라앉아
고독하다는 말을
염불처럼 중얼거리며
차디찬 미소 짓는
바보 같은 나그네.

젊음을 달래주는 사랑노래도
기나긴 이 밤이 가면
체념하는 너의 그림자 마냥,

꿈에 떠오른
그림 같은 임을
따라 가렵니다.

가을여자

깊고 깊은 심연에 감춰진
사연,
쓸어 가슴에 안고
이 가을 홀로 여행을 떠난다.

모두가 떠난 모래사장에
추억을 그리며
나만의 그 사람을 기억한다.

여름의 군상들이 사라지고 간
쓸쓸한 바다에
여인은 홀로 서 있다,

텅빈 가을 바다에.

용서하는 마음

이기려는 마음은
자존심 때문이겠지.

나를 낮추고
상대를 높여 주는 것이
미덕일 텐데.

자신을 지키기 위해
선악을 구분하지 못하는 것은
자존심 때문이겠지.

베푸는 마음이 앞장서면
만족한 웃음이
아름다운 얼굴 만들어줄 텐데.

서운한 마음
거침없이 표현하는 것도
자존심 때문이겠지.
상대의 생각 읽어 주는 것이
자신을 편안하게 만드는 것일 텐데.

결국은,
내 안의 모든 것 걸러내는 작업이
용서하는 마음인가 봐.

거울 속엔

거울 속엔
노래를 잃어버린
새 한 마리 산다

가슴에 난 작은 구멍을
기웃거리는 슬픔 속으로
온 몸이 풍덩 빠져
더는 날지 못하는

거울 속엔
노래를 잃어버린
새 한 마리 산다
제 깃 뽑아 둥지 틀고
피울음 엮어
아름다운 사랑노래 하더니

모두 떠난 빈자리
꺾일 날개 상처인 채
가슴 텅 빈 새 한 마리
그곳에 산다.

지나는 바람 속에

바람 찬 천 년 노송 성로에 엉켜
깊은 뿌리 내리듯이
이름 모를 선열들이 토해낸 산성의 역사는
조용히 등 굽은 세월 속에
가슴 아린 침묵을 담고 서 있다

가을빛 익어가는 성곽길 따라
민족의 얼이 맑은 영혼 속에 흐르는
가파른 계곡물에 손을 담그고
석양빛 타오르는 마른 가지 위에서
빙그르르 원을 그리며 내려앉는 낙엽 바라보며
성루에 올라

선열들이 토해낸 핏빛 역사 속에
쌓여 있는 낙엽 밟으며
노을 속에 멀어져 가는 나그네 되어
내 발자국도 한 줄기 바람 속에 묻혀버린다.

나를 위한 이유

나무 밑등 톱날 켠 자리에
갈라지고 끊긴 나무의 비명

누군가 내 안에서 자라고 있다
죽음의 순간마다 이어져 온 무늬
뼛속 울음 땅속 깊이 묻고
숲은 말하지 않는다

한 사람을 안다는 것
너를 용서하므로
나를 사랑하고
죽음조차 따스할 희망

지금도 누군가 내 곁을 지나가고
지나간 그곳을 거닐다
가볍게 스쳐가는 한 줄기 바람에도
나를 위한 이유가 있다

영원할 것 같은 여름날의 숲
가을이 오므로 이별을 예감하지만

슬픔이 내게 오래 머물 때
추억은 때로 거짓말을 하고
아무도 볼 수 없는 상처를 만든다

거울

당신은 나의 메모판.

일그러진 화장
지우개로 지운 아침이나
걸레로 닦은 저녁이나
매한가지.

속이고 바꿀 수 없는 당신이기에
줄줄이 항복해야만 한다.

거울 앞에 선 나,
요지경 세상
어질어질 한 듯 몸부림치고,

그늘에 가려진 양심
고스란히 드러내는
거울 속 당신.

어느새,
나를 닮았다.

소중한 것

어느 빛도
태양보다
밝을 수 없듯이
뽀얀 거울 앞에 서면
보이는 건 모두 허상이다

이쁜 듯 흔들거리는
차올린 가슴도
그대 앞에서는
보기 좋은 사치일 뿐이지

기다릴수록 기쁨이 큰
감동을 묻어
지하 세상에서는
너보다 소중한 것이 없다

어머니

동백기름 올려
정갈히 지은 쪽
대나무 정절 같은 옥비녀로 꽂고

옥양목 버선발의 하얀 고무신
그대로 한 무리 빛이 되더니

타고 넘은 시간의 강물에
빛나던 총명 흘려보내고

위태롭게 선
여든여덟의 빈 손

박꽃 얼굴에
속없이 핀 저승 꽃
마른 장작 같은 손을 잡고
오늘은
당신에 투정을 내가 듣는다

마음 아파라

내 어머니
가슴 저미는 여든 여덟.

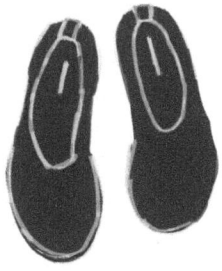

빗방울

좁은 창문 틈새로 떨어지는
빗방울 소리
새벽 단잠을 깨운다

눈물인지 아픔인지
하염없이 떨어지는 빗방울
유리창에 부딪히며
흘러, 흘러
마당 가득 강을 이룬다

숱한 세상사에
혼란스런 마음
끊임없이 머릿속을 어지럽히고
촉촉이 젖어드는 눈망울
애써 감추며 강물 되어 흐른다

빗방울 멈추면
어디론가 살며시 스며들어
뽀송뽀송 말라 버리듯
내 마음의 강물도

언젠가는 가슴 속 기쁨으로
스며들겠지

국화

언젠가는 이별의 발 오려니
자주 이별 이야기 맙시다

낯선 곳에서 하룻밤 지새우고
국화꽃 피는 계절 강가에 서면
이미 널브러진 나의 사랑

한 줄기 빛이 사라진 어둠의 긴 나라
함께 동반할 사람 누구인가요

시기가 범람한 가슴에도
달이 잠든 칠흑의 밤은 무섭습니다

닿을 수 없는 하늘엔
영혼까지 정숙한 향기
너무도 곤한 잠 이룬 강물에

가을 꽃잎을 띄우지 마세요
돌아보면 알 것 같은 이름이 흐릅니다.

창

창에는 갈치 한 마리 지나간다
바다 속을 헤엄쳐 가듯
은빛 지느러미 사라지고

하늘은 다시 말 없는 여백이 된다.
빙퍼제처럼 높은 산등성이 느릿느릿
짐승의 등이 되어 멀어지고

가물가물 어둠 속으로 흩어지는데.
나를 가둔 그리움
모두 창이 된다.

이슬의 말

나무야!
나를 들어
너의 가지 끝에 있게 해 다오.

하늘이 나를 잘 볼 수 있게
가장 높은 가지에 걸어 놓고
견딜 수 없이 막혀 버린 구멍마다
불화살을 맞게 해 다오!

종일 태양의 고치가 되어
나뭇잎 속에 스며 있다가
밤의 체온이 급히 나를 필요로 하거들랑
잔인한 바람의 몸속에
나의 피를 쏟게 해 다오.

산등성이에 올라 탄 나무들,
살찐 짐승의 털이 되어
한 순간 속으로 나를 털어 버리기 전에
나무야!
나를 들어 가지 끝,

아무도 올라온 적 없는 하늘 공간,
흔들려 가리키는
저 빛 한 점이 되게 해 다오.

여자의 일생

작은 소녀,
어느 날
사랑에 눈을 뜨는 여인이 되면,
서리서리 한이 서리는 그 세월을 휘감아
님의 입김에 녹인다.

자식에게 조건 없는 애정의 노예가 되고,
검은 머리 파뿌리 되면,
말보다 미소로, 나무람보다 보듬어 안음으로.
묵묵한 시간의 침묵을 사랑하는
여자의 일생.

홀로 서는 엽습에 넘어져 피가 흘려도
결국은
말없이 견뎌내는 인내의 미덕을
지키는 여자의 일생.

하얀 얼굴 갈대

진흙 속에 발목이 빠져
바람의 물결이 치는 것을
섭섭해 훌쩍이지 마라

세상에서 가장 넓은 바다도
바람의 파도로 출렁이며
그저 하늘 아래 있을 뿐이다

서러움이 깃든 가슴에
당신에게서 생긴 미풍은
천지에 없는 아픈 사람

가슴속에 고동이 숨죽여 오면
갈대는 곳곳이 하얀 얼굴 내밀고
다시 바람을 맞이한다

겨울

곁, 그 따뜻한 자리

길을 떠나며
사람들은 마음속에 길을 만든다.

오래 머물고 싶은,
그 따뜻한 자리에서
나는 아직 돌아오지 않고,

창백한 얼굴로 찾아오는 햇살,
보이지 않아요 외치며
날이 밝도록 달려갔다.

달려 온 길,
나는 늘 그 곳에 가 있고
너는 늘 이 곳에 와 있다.

곁을 떠나며
사람들은 마음속에 길을 만든다.

나의 그림자는 길다

아쉬움에 젖어 헤어질 때,
나의 그림자는 길다.

거리에 상관없이
나의 그림자는 너의 그림자에 붙어,
나의 마음에 산다.

다시 만날 때에야
짧아지는 그림자,

별 가장자리,
그늘진 곳,
돌아선 길모퉁이에서
빛을 잃고,

그림자 멀어진 그 속에서
홀로 다시 하나 되는
우리가 있다.

복수초

퇴색한 낙엽들이
어지럽게 부서진
산모퉁이에

해맑은 모습으로
방글방글 웃고 있는
복수초

언 땅 녹이며
강인하게 지킨 생명
눈부시도록
샛노란 꽃망울 터뜨리는
또 다른 이름 설연화(雪蓮花)

누가 볼세라
겨울의 끝자락에
살짝 나타나

화사한 봄 온다고
귓속말로 속삭이며

짧은 만남 아쉬워
슬픈 추억 남기고

총총히 사라지는
봄의 미소 복수초

바다가 끓고 있었다

바다를 보러 간 날
바다는 보이지 않고
송전탑이 벌린 가랑이 속으로
비릿한 바다 내음이 올라오고 있었다

올 테면 와 봐라
바람과 겨루고 있는 송전탑 지나
고압선을 따라왔다

질퍽한 내음
좌판에 붙들려 나온 아가미
헐떡이는 숨
신문지에 싸여 들려간 포구 안쪽
붉은 도라무통 안에서
바다가 끓고 있다

파업 중인 불빛들
마구 술렁이고
엿장수가 치는 신바람 나는
헛가위질 소리

공중에서 표기를 부린다

인심이 풀린 홍합국물을 얻어 마시며
따스해진 사람들
바다를 보러간 마음들
손에는 검정 비닐봉지 하나씩 들려 나오고

울진에 붓는 한숨과
남은 수건을 두른 아낙의 거센 입담과
수북이 쌓인 조개껍데기
껍데기뿐인 마음들이
서로 흙물을 토하고 있다

돌속의 길

바다 울음 들리는 모래 속에
발톱을 묻고
한 천년쯤 깨지 않는 꿈을 꾸리

파도의 거센 물살 함께 낚아올린
돌틈 속으로 난
길 위를 걷는 바람에게 묻네

비상하는 새의 날개
보았는가

새벽빛살 나래치며
달려간 바다 저 끝
해처럼 붉은 심장

너의 가슴 속에서
보았는가

나무들은 뿌리로 사랑을 한다

숲 한가운데
나뭇잎이 되어
나를 비우면
어느덧 나무는 사람이 되어
나에게 나가라 소리친다

밖으로 걸어 나올 수 없는 나무들
땅속 길 찾는 눈빛에
고운 그리움

빛조차도 거부하며
떨어질 수 없는 어둠 속에서
나무들은 뿌리로 사랑을 한다

살갗을 찢는 돌덩이
아물지 않는 상처까지도
어둠으로 덮고
한번 맺으면 풀어지지 않는 뿌리로
나무는 세월보다 강한 사랑을 한다.

부부

우린 서로에게
특별한 의미가 되기를 원했다
빛나는 아름다움과
그윽한 향기가
가슴앓이로 오는 사람이기를

바쁜 서른
힘든 마흔을 넘어
쉰을 넘어선 가파른 문턱에서
우린 서로에게 무엇일까

이제는 서로
한 머리를 가려 주며
편안한 쉼터임을
시린 눈빛으로
말없이 표를 찍어 간다.

갓전등

자신의 숨소리에
놀랄 만큼 고요한 밤,
어둠 속 침대 옆
앉은 자리 밝히며
가까이 오란다

내 이리 작아도
당신의 친구 되어
환하게 밝혀 준다고.

아름다운 꿈나라
여행하는 가족들
방해할 것 같아
침 발라 책장 넘기며
시 한 수 읊으니,

쓰고 앉아 있는
키 작은 친구
덩달아 함께
읽어 내려간다.

눈 속의 매화

엄동설한
흑독한 추위 참아 가며
고이 지켜온
눈 속에서 피어난
화사한 미소

한눈에 반해
바라만 보아도
마음 설레네

아직은 이른 봄
모두가 눈 속에 잠들어
고요한데

황사바람 불어 와
내 마음 흔들 때
잎 새 그리워
눈물이 나네

따스한 햇살 비추는

창가에 앉아
찻잔에서 우러나는
매화향기 그윽하니

그리운 잎 새
오려하네

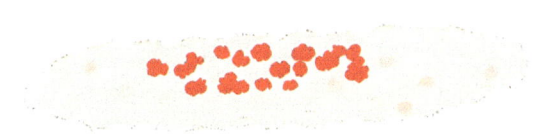

겨울비

해후의 기약조차도
부질없는 이별의 서곡인가
아쉬움 가득 안고 떠나는
야속한 님의 모습인가.

어찌하여 이 긴긴 차가운 밤
눈물 같은 처절한 몸짓으로
올올이 한이 되어
하염없이 흐르는가.

거리에 앙상한 가로수의 입맞춤도
쓸쓸한 가로등 불빛,
그 외로움도 달랠 길 없는
고독의 그림자.

차라리 은백색 너울 꽃으로
내려준다면
외씨 같은 버선발로 한 걸음에
옷고름 풀어 헤치고 마중할 것을.

가슴에 가득한 그리움만
적시는 야속한 그대.

겨울비.

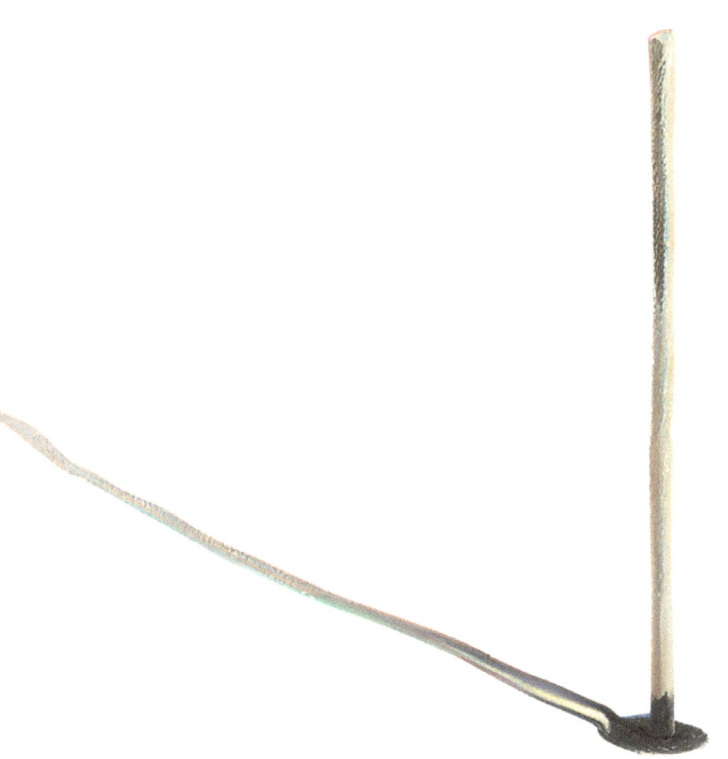

눈물

그냥 눈빛으로
말할 수 없어,
뜨거운 눈물
주체하지 못하고
흘러내린다.

오래전에 앓았던
열병을 토해내듯,
하염없이 쏟아내며
꺼이꺼이
서러움에 목이 메어온다.

보이지 않는
거대한 화산,
심산유곡 헤집고
펄펄 끓는 용암이
말없이 솟구친다.

분출시켜 버린
빈 가슴엔

허허로운 바람만이
소용돌이친다.

검단산 설경

구름 한 점 없는 맑은 날,
간밤에 찾아온 새하얀 세상.
따사로운 햇살로
반짝반짝 눈부시네요.

성미 급한 새싹들,
고개 내밀다
하얀 눈이 무거워
숨 막혀 끙끙대고.

따스한 둥지 찾아
노래하던 새들은
우왕좌왕 하네요.

무거운 체중 이기지 못해
부러진 나무,
아픔을 호소하고.
나이 어린 연약한 나무
떨고 있는 모습에,

간밤에 내린 눈
어쩔 줄 몰라 하고.

등산객 휴식처인 검단산 약수터,
지나가는 바람은
어느새 연한 구름 몰고 와
운치를 더해 주네요.

일출

동쪽 하늘 붉게 물들이며
힘차게 오르려는
당신의 온기 느끼며,

매서운 바람 추위도 잊은 채
희망 한아름 안고 오실 때,
당신 모습 보려는 이들
두근거리는 마음으로
기다리고 있구려.

출렁이는 물결 헤치고
나타나 온 세상을
함성의 도가니로 만들며,

새해 소망 밝혀줄
빛나는 자태 보려
언 손 호호 불며
숨죽여 서성일 때,

여명을 가르며 나타난

당신의 뚜렷한 눈부신 광채를
차마 똑바로 볼 수 없어
두 손 모아 기도하는 이들에게

성큼 다가와
빛을 비추어 주는구려.

분기점에서

해가 바뀌어도
그 자리에 묵묵히 앉아 있는 앞산 바라보며,
왠지 모를 아쉬운 마음으로
훌쩍 가버린 삼백육십오일
뒤돌아본다.

결코 짧지 않은
생의 뒤안길에,
햇빛 쏟아지는 행복한 길,
장대비 내리는 서글픈 길
걸어도,
인내하며 살아온 날의 흔적,
쉽게 지워지지 않아.

이별해야 하는 분기점에서,
속내 감추며
묻어 두었던 수많은 시간들
다시금 조심스레
열어 본다.

기쁘고 슬펐던 날의 흔적,
조금씩 지워가며
망각은 새로운 삶의 시작이라고
애써 위안 삼으며,
또 다른 희망 안고
새로 난 신작로를 따라
힘찬 발걸음을
올려 보려 한다

나는 바다에 내리는 첫 눈이어라

많은 날 중의 하루
그 하루를 함께 할 수 없는 너에게
나는 매일 바다에 내리는 첫 눈이어라.

하루만의 위안 줄 수 없어
깊어진 너의 눈동자,
아무것도 바라지 말고
오직 사랑함으로만
그리워할 줄 알자.

푸르게 야윈 물결 속
뒤척이며 밀려 온 아침,
물거품 속으로 사라진 눈송이들.

바다가 큰 입을 벌려
나를 삼킬 때
나는 죽어야만 바다에 안긴다.

폭설에 갇힌 바다,
온 세상을 흰 들판으로 바꾸며 달려가지만,

너는 한 번의 입맞춤으로 바다가 된다.

외쳐도 외쳐지지 않는 물 속,
만져지지 않는 기다림으로
얼지 않는 바다.

그 하루를 함께 할 수 없는 너에게
나는 네 눈 속의 시린 물결이어라.

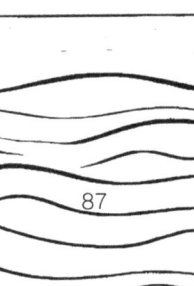

축사

김영재 시인의 글을 읽다 보면, 한 번만 읽고 그냥 넘길 수가 없어 몇 번이고 그 주변을 서성이게 됩니다.
이는 읽을 때마다 다른 맛을 주는, 묘한 매력 때문인 것 같습니다.
이 맛을 술에 비유해보자면, 김영재 시인의 시는 어떤 때는 고단한 하루 끝에 쭉 들이키는 한 잔의 막걸리가 되었다가, 때로는 빈속에 넘겨보는 진한 위스키의 전율이 되어 몸을 긴장시키기도 하며, 이따금은 부드러운 와인의 향기로 다가오기도 합니다.
이런 다채로움은 김영재 시인의 타고난 시심과 열정, 그리고 독특한 작법이 빚어낸 '술'이 아닐까 싶습니다.
이처럼 강렬하면서도 부드러운 김영재 시인의 시상에 젖다 보면, 유려한 글의 흐름 속에서 때로는 통증 어린 삶의 찌꺼기들을 후련하게 토해내는 듯한 강한 카타르시스를 느끼게 됩니다.
이것이야말로 사람의 마음을 머뭇거리게 만드는 묘한 매력이자, 김영재 시인만의 독특한 기지가 특별히 돋보이는 점이라 생각됩니다.
무더운 여름날 한 차례 쏟아지는 소나비처럼, 시인은 사람의 마음을 시원하게 정화해주면서도 어느새 깊은 사색에 빠지게 만듭니다.
드물게 '인간적'이라는 표현이 잘 어울리는 이 글들은, 다시금 읽고 싶은 마음으로 애틋하게 스며들고, 그 안에 서

삶의 연민을 되새기며 오히려 하루의 위안을 얻을 수 있게 합니다. 애독자로서 깊이 감사드리며, 김영재 시인의 첫 시집 출간을 진심으로 축하드립니다.

강혜련(연극인)

[에필로그]

정신을 차리고 보면
어느새 한 시간이 훌쩍 지나가 버린 시집,
시를 읽으며 저는 참 다양한 감정들을 느꼈어요.
아침에 읽을 땐 따스함이,
오후에 읽을 땐 마음이 편안해지는 안식이,
그리고 밤에 읽을 땐 깊은 감동이 밀려왔어요.
할머니의 시를 통해 저는 말로는 다 표현하지 못했던 감정들이 시는 어떻게든 담아낼 수 있다는 걸 처음으로 알게 되었어요.

특히, '가을비 내리던 밤'이라는 시를 읽을 땐 지친 제 마음이 조용히 위로받는 느낌이었어요. 그 순간, 할머니의 진심이 제 마음속에 고요히 닿았던 것 같아요. 할머니의 이 따뜻하고 아름다운 감정들이 멀리멀리, 세상 끝 까지 퍼져나갔으면 좋겠어요. 우리만 알고 있기엔, 너무 빛나는 마음이니까요.
할머니, 시집 출간 정말 진심으로 축하드려요.
앞으로도 많은 사람에게 위로가 되는 시,
더 많이 들려주세요.
사랑하고 존경합니다.

손녀 이다은

시를 읽으면서
할머니가 어떤 마음이었을지
생각해보았어요.
그리고 제가 느낀 걸 그려보았어요
잘 그렸는지는 모르겠지만,
할머니가 좋아해 주셨으면 좋겠어요
그리고,
할머니 항상 건강하시고 오래오래 행복하세요.
사랑해요.

손녀 이지유

13살의 지유

깊은 계절을 걷다
초판 1쇄 발행 2025년 8월 3일

저 자 | 김영재
그 림 | 이지유

펴낸곳 | 궁극의성장, 유닛
이메일 | all.right.coop@gmail.com
주 소 | 서울시 서초구 서초중앙로18길 31, 376호

등 록 | 2022년 10월 7일 제2022-000066호
ISBN | 979-11-985683-5-9 (03800)
Blog | https://blog.naver.com/yada0117
ⓒ 2025 깊은 계절을 걷다

*이 책의 전부 또는 일부 내용을 재사용하려면
  반드시 사전에 저작권자의 동의를 받아야 합니다.
*책값은 뒤표지에 표시되어 있습니다.
*FONT, BOOKK